홍문식
일곱 번째 시집

처음 가는 길

성원인쇄문화사

| 머릿말 |

그림자를 찾아

　실체가 있는 존재는 반드시 그림자가 있다. 내 그림자는 내 현존의 반증이다. 그림자가 없는 인간은 유령일 수밖에 없다. 그림자를 찾아 준다는 것은 현존의 가치를 부여하는 의미를 가지고 있다. 그러나 우리의 삶에 그림자를 보지 못하는 것이 있다. 내 삶의 흔적들을 우리는 사진이나 그림으로 그려 그림자를 볼 수 있지만 내 삶의 자리들에 묻어나는 흔적들은 추억이라는 것으로 남아있다.

　기쁨과 슬픔, 사랑과 미움의 존재들은 가슴에 앙금으로 남아있어 그림자의 존재를 볼 수는 없지만 존재한다면 누구나 자신의 마음에 그림자를 달고 다닌다. 마음의 그림자를 글로 쓰고, 그림으로 그릴 수 있다면 어떻게 쓰고 그릴까? 실존하는 인간의 그림자를 글로 쓰고, 그림으로는 그릴 수 있다고 하지만 가슴의 그림자는 보이지 않는다. 하지만 스스로 깃발처럼 달고 있게 된다. 자신의 삶의 그림자를 우리는 어떻게 만들어 가야 할지 내 삶을 돌아보는 명상이 필요하지 않을까?

 자연을 스승으로 삼고 자연으로 나아가 자연 속에서 관찰하고 숨 쉬어 보지 않고는 예술을 할 수 없다. 다른 사람의 작품만 보고 예술을 한다면 예술은 쇠퇴하고 말 것이다. 자연의 숨소리, 움직임의 변화 그 '결'을 몸으로 읽어야만 예술은 살아나고 살아있는 자연의 다양한 현상들이 종합되어야 우아하고 아름다운 예술로 탄생되는 것이다. 지금 여기에서 소실점을 찾아 자연의 현상을 바로 볼 수 있는 혜안을 갖추어야 하지 않을까?

 칠십 번의 시간을 뜨개질하여 엮은 삶의 그림자들이 허상인줄 알면서도 버리지 못하는 노래들은 무지한 노욕의 산물이 아닐 수 없다. 무지개색이 아름다운 것은 아마 일곱 가지 색이 햇볕의 굴절로 이루기 때문이 아닐까?
 이 시집이 나오기까지 마음의 동요를 잦추고 사유의 폭을 넓혀 주어 글의 흐름을 바느질하듯 촘촘히 살펴 주고 함께 걸으며 산과 바람의 기운들을 들려준 분들께 깊은 감사드리며 굽어지는 허리에서 흘러나온 노구의 일백여덟의 노래들이 많은 이들이 공명하는 삶의 고뇌이길 바라면서 내 짙어진 그림자를 그려 놓는다.

     2020. 바람이 안개를 품고 도는 된봉산 기슭에서 홍 문 식

발걸음

기적들과 산다 …………………… 11
죽음을 알면 …………………… 12
생명 1 …………………………… 13
생명 2 …………………………… 14
고통 1 …………………………… 15
고통 2 …………………………… 16
고통 3 …………………………… 17
거울 1 …………………………… 18
거울 2 …………………………… 19
바람인가 보다. ………………… 20
늪 ………………………………… 21
죽음 ……………………………… 22
정심正心 ………………………… 23
발 걸 음 ………………………… 24
늙은이 …………………………… 25
지금여기 ………………………… 26
늙음 ……………………………… 27
고향 꿈 …………………………… 28
착각 ……………………………… 29
산 ………………………………… 30
오늘 ……………………………… 31
흔적 ……………………………… 32
휴식 ……………………………… 33
세상엔 …………………………… 34

어허 헛꿈이네

낮잠에서 깨보니 ………………… 37
부모 ……………………………… 38
부부 ……………………………… 39
스승 ……………………………… 40
어허 헛꿈이네 …………………… 41
사랑하는 사람 …………………… 42
선물 ……………………………… 43
사랑이라는 일 …………………… 44
아픔 ……………………………… 45
사랑 ……………………………… 46
인연 ……………………………… 47
내게 남은 사랑의 시간은 ……… 48
행行 ……………………………… 49
회상 ……………………………… 50
의심 ……………………………… 51
밭을 갈며 ………………………… 52
무지개 …………………………… 53
물소리 …………………………… 54
육아 ……………………………… 55
두려움 …………………………… 56

마음이란

허망 ……………………………… 59
허공 ……………………………… 60
평판 ……………………………… 61
광장 ……………………………… 62
백년하청百年河淸 ……………… 63
울분 ……………………………… 64
쉽게 쉬엄쉬엄 ………………… 65
위선의 시대 …………………… 66
마음이란 ………………………… 67
지기지우知己之友 ……………… 68
어려움 …………………………… 69
덧없음 1 ………………………… 70
덧없음 2 ………………………… 71
주막 ……………………………… 72
명상 1 …………………………… 73
명상 2 …………………………… 74
아무것도 하지 말자 …………… 75
중도中道 ………………………… 76
길 위에 서면 …………………… 77
중생 ……………………………… 78

텅 빔

머물 곳 없다 ………………………… 81
텅빔 1 ………………………………… 82
텅빔 2 ………………………………… 83
탐욕 …………………………………… 84
차이 …………………………………… 85
수행 …………………………………… 86
福 ……………………………………… 87
정견正見 ……………………………… 88
느낌 …………………………………… 89
진리1 ………………………………… 90
진리2 ………………………………… 91
장애 …………………………………… 92
떡 잡은 손 …………………………… 93
나 ……………………………………… 94
분별 …………………………………… 95
맹목 …………………………………… 96
공상 …………………………………… 97
집중력 ………………………………… 98
다리 …………………………………… 99
땀 ……………………………………… 100
무명無名 ……………………………… 101
지혜란 ………………………………… 102
내 것 ………………………………… 103
앎識 …………………………………… 104

처음 가는 길

몸 ················· 107
업 2 ················· 108
시詩란 ················· 109
시詩 ················· 110
시인詩人 ················· 111
시인의 삶 ················· 112
소설가 ················· 113
펀치 투 줌 ················· 114
침묵 ················· 115
수양 ················· 116
예술 ················· 117
소문 ················· 118
마음 챙김 ················· 119
말1 ················· 120
육체의 유혹 ················· 121
꽃이 아름다운 이유 ················· 122
숨고르기 ················· 123
말 2 ················· 124
유물 ················· 125
처음 가는 길 ················· 126

발걸음

기적들과 산다

아침이 밝으면

한 줄기 햇살
팔랑이는 나뭇잎

꼼지락 거리는 애벌레
미소 짓는 꽃

거미줄에 매달린 이슬
빗방울 소리가

잉잉거리고 있다
출렁이고 있다

두근거리는 심장
생명체들의 파동들

우린 매일
기적들과 산다

죽음을 알면

일체의 착각과 환영은

육체에 동화되고

건조되어 욕망을 채우려

오온*에 의존하는데

죽음을 알게 되면

영혼은 평화를 찾게 되고

사랑은 빛처럼 뿜어져 나오리

***오온(五蘊)** : ①색 : 신체를 구성하는 물질로서 흙·물·불·공기 등의 4가지 요소로 이루어진 드러난 형체, ②수 : 감각 혹은 느낌, ③상 : 감각대상에 대한 지각, ④행(行 samskara) : 마음속의 구성물, ⑤식 : 다른 수·상·행온의 3가지에 대한 앎

생명 1

물은 물렁해 좋고
땅은 딱딱해 좋다

초목은 지구 중심을 향해
발을 뻗고 있으면서

세찬 겨울눈 속에서도
눈을 반짝이며
손을 내 민다

만지작거리는
만남의 시작은
밑바닥에서
어김없이 시작된다.

생명 2

내 밝음이
너의 밝음이고
모두의 밝음이니

어디 하나
빛나지 않는 존재 있는가

작든 크든
천지 등불인 걸

고통 1

아름다움은 고통을 안기고
고통은 아름다움을 낳는다.

사랑은 고통을 잉태하고
고통은 사랑을 위대하게 한다.

삶은 고통의 시작이고
고통은 삶의 일상이다.

고통 2

멈출 수 없는 것을

억지로 세우려는 의지며

우리를

성장시키는

신이 준 최고의 선물이다

고통 3

삶의

일상에

널려있는 먹이

우리의

삶을

익어가게 하는

원천

거울

또 다른 나를
볼 수 있는 진실이며

뿌린 대로 거두는
땅과 같은 것

깨어지면
흩어져 더 많이 낳는다.

거울 2

거울은
담아주지만
아무도
가두지 않는다.

누구라도
자유로이
머물다 갈 수 있다.

바람인가 보다

봄이 오면

미묘한 바람에 싹이 움트고

꽃이 피니 마음이 이는구나

깊고 넓은 땅은 어디냐?

넓혀서 채워 감이

샘솟듯 불타듯 하여도

흔적 없이 날아간

바람인가 보다

늪

마음속에
허망함이 가득하여

삼독*의 바다로
삶을 빨아드리는
진흙탕.

---

*삼독 : 탐(耽) - 욕심, 진(瞋) - 분노, 치(痴) - 어리석음

죽음

육신이
오감의 날개로
날아다니려 애쓰다
지친 날개를 접고

사대*는
모두 제 고향으로 흩어지고

영혼이
아름다운 날개를
활짝 펴고 떠나는 여행

***사대** : 흙(地), 물(水), 불(火), 바람(風)의 네 가지 원소로 육신을
 이루고 있는 살은 흙, 피는 물, 체온은 불, 호흡은 공기를 말함

정심 正心

세상의 시끄러움

다 씻어내니

가슴은 고요하고

야기(夜氣)*는

아성(亞聖)의 책에서 살피라 하네

---

*야기(夜氣) : 《맹자》〈고자 상〉에 나오는 말로, 밤부터 아침까지 사물과 접촉하기
이전의 맑은 기를 가리키는데, 사람이 타고난 착한 마음이 발현된다고 한다.

발걸음

발걸음은
삶의 자양분이다

발걸음 자체가
축복이고 기적이다

발바닥으로
땅에 입맞춤하고
어루만지며 걷는 것은

커다란 사랑의 실천이다

늙은이

때로
추억을 소환하여
보듬고 즐기며

시간을 죽여 얻은
지혜의 주름으로
여유로움을 갖은 이

지금여기

온갖 기적으로
가득 차 있는 백화점

나를 빛나게 할
보석을 얻을 수 있는
찬란한 기회

아름다움이 가득한
참된 순간

늙음

노을이 방에 들어앉으니

세월을 쓸고 닦아도

걸레 자리만 남고

출력 없는 얼굴에

보살은 대리고로 앓고

연기緣起*에 얽혀가는 삶

***연기(緣起)**: 인연생기(因緣生起) 즉 인(因: 직접적 원인)과 연(緣: 간접적 원인)에 의지하여 생겨남

고향 꿈

간밤 베개 위에 몇 차례나

고향 꿈꾸었는지

새벽 물 마시며

타는 마음 적시고

가랑비 보슬보슬

매화꽃 숨죽여 떨어지니

동이 가득 익어 가던

어머님의 송료松醪* 향

방전芳篆*으로 아련하네

---

*송료(松醪) : 솔잎이나 솔뿌리를 넣고 빚은 탁주를 가리킨다
*방전(芳篆) : 향(香) 연기를 미화한 것으로, 향 연기가 피어오를 때 그 형상이 전서(篆書)처럼 꼬불꼬불하다고 하여 붙여진 말이다

착각

실재를
여러 조각으로
쪼개놓고

서로
의존되어 있음을

보지
못하는
안목

산

산은 인생의 산소호흡기
한 번도 서보지 못한 고도에서
삶을 내려다보고 싶다

산에도
갈등과 화해
경쟁과 시기
이기심과 이타심이 뒤엉킨 세계다

단 한 순간
나의 존재감을 느껴볼 수 있다면
이전의 삶으로
돌아갈 수 있는 곳이다

내 영혼을 조용히 흔들어 놓고
고독마저 다정하게 끌어안고
단순한 삶에 충만함이 따라오는 곳이다

오늘

생명은 탄생의 연속

소등과 함께 죽고
아침과 함께 태어난다.

항상 새로 주어지는 기회
사랑하고 아름답게
가꾸어 갈 소중한 출발점

흔적

한 벌의 옷과 양말로
잠시
살다 가기 급급한 존재

소식이 난분분히 날리는
오늘 하루
무사히 겪어내고

지상에 감사하게도
찍은 내 두 발자국

휴식

물소리 졸졸졸
귓속을 간질이는 개울

이끼 잔뜩 포진한
계곡의 초대에

잔뜩 열 받은
발을 식히며

순간을 훔쳐
여유를 맛보는 美

세상엔

세상엔
어린 것, 젊은 것, 늙은 것이 공존 한다

세상엔
늘 새로운 것을 경험하게 한다

세상엔
새 것에 늘 자리를 내주고
젊음이 늙음의 자리에 들어선다

세상엔
순간의 담장만 남겨놓고
모든 기억이 수채 구멍으로
콸콸 쏘다 부어진다.

어허 헛꿈이네

어허 헛꿈이네

낮잠에서 깨보니

술도 먹어 보지만

德 없으면 음탕해지고

춤도 춰봤지만

禮 없으면 잡스럽게 되니

풋잠에 꿈을 꾸어

십이루十二樓*에 들어 가보니

중생의 일 어느 겨를에 묻겠는가

***십이루(十二樓)** : 천상 세계인 백옥경에 있다는 12층의 누각을 가리킨다

부모

우리에게
하늘 땅의 기운과
사랑과 영혼을 담아

생육生肉을 다 떼어 주고도
부족하다 하는 샘물

부부

전생에서 인연을 맺었던
반드시 만나야 할 사랑

수천 년의 생을 반복해도
다시 만날 수 없는 현생의
오직 한번뿐인
영혼으로 결합한 사람

스승

깨달음의 소망을
실현시켜주는 안내자

똑 같은 사랑을
나누어주는 부모님

무명無明의 어둠을
쫓아내는 빛

어허, 헛꿈이네

소나무 끝에 청산이 드리우니
동산을 호리병 속에 넣고

어슴푸레한 달을 꺼내어
그대 아스라함에 잠기니

이슬 젖은 꽃이 선명하게
물에 젖은 천기를 굴리는데

혼미한 꿈은 어찌 깰 줄 모르는가

사랑하는 사람

숨을 들이 마실 때 마다
숨을 내 쉴 때 마다
그리움이 가득한 사람

내 날숨과 들숨 속에서
함께 호흡하는 사람

온갖 기쁨과 괴로움이
가슴속에 동행 하는 사람

어허 헛꿈이네

선물

지난밤에
나는 선물 상자를 버렸다

흐트러진 일상이 텅 빈 상자 속에서
나를 빤히 보고 있다

어제 죽은 그대가 그렇게 기다리던
아침이슬과 풀벌레소리
향긋한 꽃냄새까지
그냥 쓰레기통에 처박았다

기적 같은 하루라는 선물을

사랑이라는 일

마음과 영혼이 기뻐하는 일
이걸 찾기 위해
우린
오늘도 발걸음을 팔고 있다

일생을 바쳐도 지루하지 않고
생각만 해도 가슴이 뛰고
신명나는 일

아무리 힘들어도
몸과 마음이 피곤하지 않고
모든 것을 다 주어도 아깝지 않아
목숨을 걸어도
행복한 우리의 일

아픔

삶의 일상

행복 기쁨 희망에
도전하는 용기를
충전하는 원동력

사랑

고통의 역사

아픔을 딛고 일어난
가시밭길에 핀 꽃

동토를 뚫고
초록을 뽐내는 새싹

아침저녁
만들어내는 빛의 향연

인연

아궁이에 불을 때면
숲의 바람이 분다.

푸르게 숲을 쓰다듬어
나뭇결을 새긴 바람

불타는 순간

아궁이 가득
바람소릴 채워놓고

하얗게 재가 된다.

내게 남은 사랑의 시간은

사랑이 마음 깊은 곳에서
용출하지 않는 다면
삶에 무슨 일이 일어나겠는가

우리는 서서히 죽음으로 걷고 있고
시계는 황혼의 시각으로 재촉할 뿐이다

마음의 에너지는 빛보다 빠른데
토닥이고 포근히 안아주어

서로의 마음에 마음을 실어줄
내게 남은 사랑의 시간은 얼마나 될까

행 行

씨앗으로 잠복해 있는
선악의 윤회로 뿌린
소멸되지 않는 형상

자신의
생존과 번식을 위해
원초적으로 작동하는
맹목적이다

회상

무심히 스쳐간 사소한 장면
한 토막 퍼즐로 엮어
순간순간을 끼워 맞추는
파편 자국들

짜릿한 맞춤의 순간
매의 눈으로
틈을 알아보는
탐정이 되어
지루한 풍경에
희열을 느끼는 시간

의심

부정적 틀에 갇혀

믿음을 성숙시키는 촉매

마음의 깊은 이해에

닻을 내렸는지 확인하는 계기

우리를

어려움에 빠지게 하는 늪

밭을 갈며

질척이는 비를 밟고
멍에를 메고 밭을 간다

괭이자루에 튄 흙
얼굴에 뒤집어쓰고

호미로 뽑아내는
잡초와의 씨름도

새끼줄로 붙잡고
황소처럼 노력하면

근심 걱정 없는
감로를 얻겠지

어허 헛꿈이네

무지개

내가 그대 곁에 없다고
슬퍼하지 마세요

세상의 꼬리 하나 잃었다고
세상을 다 잃었다 아파하지 마세요

고통의 아픔으로부터 달아나지도 말고
마음의 온도를 높여보세요

사랑은 눈물에 마음을 내어주는
당신의 뺨처럼 기쁨의 흔적이며
아름다운 속박이라오

인생은 비온 뒤 잠시 떴다 사라지는
아름다운 무지개라오.

아름다운 무지개라오.

물소리

졸졸졸

물은 돌 틈에서
흘러나와

은은하게 바위에
부딪치더니

탕반(湯盤)*을 닮으라네

---

*탕반(湯盤) : 탕(湯) 임금이 목욕하던 큰 대야이다. 탕 임금은 스스로를 경계하기 위해, 목욕 대야에 "진실로 어느 날인가 새로워졌거든 날로 새롭게 하고, 또 날로 새롭게 하라!(苟日新 日日新 又日新)

육아

다정하고 사랑스러운 말투
자녀 속에 있는
좋은 씨앗에 물을 주고
북돋아주는 일

벌주고 나무라지 않아도
스스로 실천하고
바르게 사는 모습 보여주면
좋은 씨앗 꽃으로 펴
향기 가득 채우리

두려움

아직 만나 본적도 없다

내 속에 함께 있어도
누군지 모르는 도둑

당신의 얼굴을 알고 있다면
미리 대비를 할 수 있지만

당신의 얼굴을 찾기 위해
시시각각 변하는 마음

마음이란

마음이란

허망

강을 건넌 뒤
뗏목을 버리듯
허망한 세상

모든 것 다
빌려 쓰고 있는데
못 버릴게 무언가?

허공

갖고 싶은 소유욕을
지우개로 지우고

사랑이란 나눔의
분별력을 잘라내고

마음의 그림자를 지운
끝이 가늠되지 않는 공간

평판

남에 의해

기쁨. 슬픔. 아픔이
오르내리는

내 마음의 디딜방아

광장

막이 열리고

부르짖는 오이디프스*처럼

온 나라에

가득 찬 오염된 냄새를

벗어나려는 몸부림의 몸짓들이

노래하고 춤추는 곳

***오이디프스** : 그리스 신화에 나오는 영웅. 테베의 왕인 아버지 라이오스와 어머니 이오카스테 사이에서 태어났다. 자신의 아버지를 죽이고 어머니와 결혼하게 되리라는 아폴론의 신탁(神託) 때문에 버려졌으나 결국은 그대로 되었고, 모든 사실을 알고서 스스로 두 눈을 뽑아내고 방랑하였다.

마음이란

백년하청 百年河淸★

바위틈이 만들어 놓은 꽃자루
흩어진 흔적 너머로
가냘프게 가을을 익힌
공룡의 비늘 같은 바위벽

아득한 선계로 들어가는
열쇠 구멍인 듯 낯선 설레임

가을에 붉게 익어
코끝에서 바삭거리는
별빛에 누운 소박한 가슴이
백년하청을 기다린다

***백년하청百年河淸** : 黃河淸而聖人生(황하가 맑아지면 성인이 생긴다) 죽었다 깨도 기대 할 수 없다는 의미

울분

참고 있던 숨을 토해내자
침묵의 공기가 흔들린다

벽처럼 딱딱하게 버티던
가슴은 깨어지고

열화는 문 앞에서
튀어나올 듯 소용돌이친다

휘몰이 장단처럼
내 던져진 몸짓

멎었던 시간을
다시 흐르게 한다.

마음이란

쉽게 쉬엄쉬엄

너무 어려운 셈하지 말고
주고 싶은 만큼 주고
못 받아도 기쁜 마음으로 살자

너무 등 돌리지 말고
먼저 손 내밀고
등 돌린 이도 안아주며 살자

세상에 발 들여 놓을 때
걸은 사람 없듯
서로 손잡고 밀당하며 살자

산맥이 이리저리 이어지듯
인생 산맥 함께 넘으며
능선을 타는 것이 삶이 아닌가

넘어넘어 갈 때마다
숨차고 땀나는 일 많지만
쉽게 쉬엄쉬엄 가면 안 되나

위선의 시대

뭇 사람들의
존경 뒤에 숨어
영혼을 파는 돌팔이

성자처럼
의젓함과 능숙함으로
농락하는 목자들이
판치는 시대

마음이란

애초에 정해진 것이 없다.

세상만사가 드나들 수 있는 텅 빈 마당

밖에서 들어온 것들로 가득 찬 곳간

조건에 따라 변화를 일으킬 수 있는 변덕꾸러기

지기지우 知己之友

세상에 같은 얼굴 없고
마음이 같은 사람 없다

어찌
나를 알아 줄 사람 찾을 수 있나

조건을 갖추어 알아주는 친구
포숙과 관중*
종자기와 백아*

나약하기에
나를 알아 줄 누군가를 찾는다

남이 나를 알아주길 바라지 말고
나 자신을 바로알고
그 모습 그대로 소중하게 여기면

나를 알아 줄 그 누군가를
내가 알아주는 누군가를
만나지 않을까?

*포숙과 관중 : 관포지교(管鮑之交)
*종자기와 백아 : 지음지교(知音之交)

어려움

세상을 사는 일상

너의 백신 한 방으로
오만과 나태를 벗고

배우고 마음 닦으며
너를 통해

나를
불쑥 솟아나게 하는 용기의 바탕

덧없음 1

우리는

마음에 도박을 걸고

생각을 투자하는

투전판에 살고 있다

몽매함을 허물지 못하는

집착들의 시장은

바람처럼 흔적을

남기지 않는다.

덧없음 2

태어남과 죽음의 물결에
우리는 흘러가고 있다

바람은 물결을 일으키나
물은 그냥 물일뿐인데

삶은 물결의 세계에 머물러 있고
마음은 물속에 있으니

하나와 여럿이 오고감은
모두 덧없음이리라

주막

술잔 없어도
한 잔 술 나눌 수 있고

마시는 잔이
내 잔이 아니기에
떠들며, 웃고, 울고,
즐기다

술잔 놓고
빈손으로 간다.

명상 1

거친 파도가 일어나 포효하는
내 안의 분노, 욕망, 질투들을

있는 그대로 보게 하여
미혹의 사슬을 끊고
고요한 바다로 돌아가게 한다.

명상 2

붓을 눕혀놓고
흰 구름을 머리에 이면
꿈틀거리는 봉우리

문 열고 들어온 그림자가
등 떠밀어도 나갈 생각이 없고

내 방을 차지한 노을은
쓸어도 쓸어도 쓸리지 않으니

달빛 걸레로
닦고 또 닦는다

아무것도 하지 말자

잠시 짬을 내어
아무것도 하지 말아보자

그냥
숨쉬기만 즐겨보자

어지러운 걱정
내버려 두고
아무것도 하지 않음을 즐겨보자

그것이 치유가 되고
그것이 바뀜이 되며
그것이 양분이 되리다

중도 中道

있음과 없음의
이항대립을 넘어서는
자연적인 웜홀* 상태

떠있는 구름도 아니고
흘러가는 물도 아닌
보이지 않는 바람 같은 것

절제를 바탕으로
지나침과 부족함을 피해

새벽과 아침
그 경계를 닮아가는 삶

*웜홀(wormhole) : 우주공간에서 블랙홀과 화이트홀을 연결하는 통로라는 의미로 제안된 이론상의 개념

길 위에 서면

길 위에 서면

내면의 소리가 흘러가고
만남의 환희가 피어나

소통의 문이 열려
변화의 겹이 여러 겹임을 볼 수 있다

길 위에 서면

조각난 흔적들이 일어나
인류의 발자취를 읽을 수 있어

잠들었던 감수성이 싹터
지구와 우주의 속삭임을 들을 수 있다.

중생

집단적 동일성의 권력에
고통 받는 삶을
안고 가면서

자신의 그림자를
진하고 길게 남겨놓고도
인식하지 못하는 존재

텅 빔

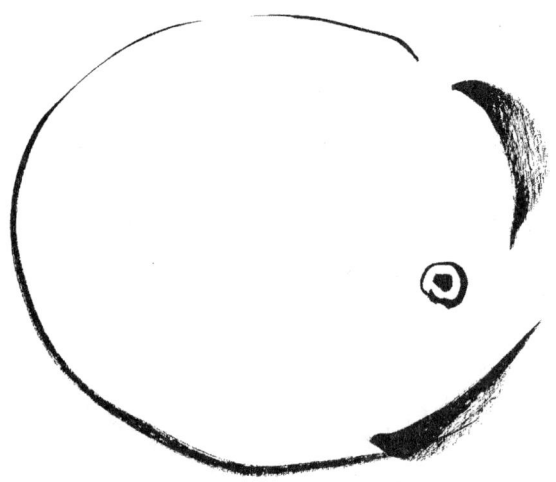

텅 빔

머물 곳 없다

지식을 얻어 눈을 떴으나
배고픔을 어찌할 수 없고

지혜의 눈을 떠 세상을 보니
저절로 배가 불러

마음의 흐름이 자유로우니
머물 곳 없다

텅빔 1

머물고 싶어 방에 드니
쉼이 없고

변화를 보러 들에 서니
변화가 없으니

푸른 하늘처럼
마음속에 남음이 없다

텅빔 2

버드나무가

속 줄기를 벗고

버들피리가 되어

아름다운 소리를 내듯

오욕*을 벗은

마음의 본성이

울리는 아름다운 공명

***오욕(五慾)** : 인간의 5가지 근본 욕망. 재욕(財欲), 색욕(色慾), 식욕(食慾), 수면욕(睡眠欲), 명예욕(名譽欲)

탐욕

집착하면 오염되고

버리면 청청해지는 걸

사람들이

제 아니 버려

고통의 늪에 빠져든 형상

차이

삶의 높이는
마음을 밝게 하여
눈높이를 올리는 데 있고

삶의 밝은 빛을
보느냐 못 보느냐는
마음의 잣대 차이에 있다.

수행

장막으로 가려진 미혹과
티끌로 가득한 육신이

창틈으로 쏟아지는 빛과
바위틈에서 솟아나는 샘을

얻기 위해 쉼 없이
마음을 닦는 행위

福

어디에도 서지 않는 맘

끊임없이 빈자리를 채우는 과정

주는 대로 받고

행한 대로 얻는

광대한 빛이 되는 나눔

정견 正見

바로 본다는 것은

있는 그대로
개방적이고
너그러운 관용으로
무한한 공간의 풍취에서
따사롭고 포근한
어머니의 품을 느끼는 것이다.

느낌

문득 일어나

모양을 만들고

잠시 머물다 사라지는

안개

진리 1

열린 문으로
들어온 바람
누구도 알 수 없고

밑 빠진 두레박으로
물을 담으려는 건
허상에 탐욕을 담는 것

참은 바람처럼
찾아오니
어찌 담을 수 있으랴

진리 2

온갖 장애와
어려움을 녹여주고

어둠의 미로
벗어나도록 밝혀주는 등불

장애

생각이 도그마*에 빠져

그러함suchness에 가려는

길을

가로막는 지식

---

*도그마 : ① 독단적인 신념이나 학설,
② 이성(理性)적인 비판이 허용되지 않고 증명을 필요
로 하지 않는 교리(敎理)나 교의(敎義).

텅 빔

떡 잡은 손

손에 떡을 잡으면
자연의 사절使節을 맞으며
반갑게 웃는다

떡엔
햇빛과 구름과 대지가
꿈틀거리고 있다

떡 한 조각에
생명의 경이로움이
숨 쉬고 있다

내 손에서
우주가 숨 쉬고 있기에
귀히 여기는 이유다

나

문창호지를
뚫고 들어오는
햇빛 줄에
부유하는 먼지

그 속에
반짝이는
알갱이 될까?

분별

착한 것과 악한 것
좋은 것과 싫은 것

아름다움과 더러움
옳음과 그름을 나누는

내 안의 틀로
다툼과 오해의 싹

맹목

지성을 쇼핑하러
시장을 누벼도
어느 하나도
얻지 못하는 장터

하나를 알면
모두를 이룬다는 진리
깨닫지 못하고

변덕스러운
날씨처럼
세인의 독재에 빠져
허공을 잡고 산다

공상

먼지 따라 올라갔다
빗방울과 함께 내려와 보니

빛의 마지막 한 줄기가
바위틈에 꼿꼿이 박힌 듯이

가지런히 층층을 쌓고
빗속의 다양한 성분들과
어우러진 사연들

구름 근처에서
하늘의 근황을 곁눈질하다
좋아하는 화석이 된 듯
너덜겅*에 웅크리고 앉아있는 것

★너덜겅 : 스크리(scree), 기계적 풍화작용에 의해 단애면(斷崖面)으로부터 분리되어 떨어진 암괴들이 사면 기저부에 설형(舌型)으로 쌓인 지형.

집중력

바람에

흔들리지 않고

삶의 비밀을

꿰뚫어 볼 수 있는 안목眼目

텅 빔

다리

날숨과 들숨
깊이 천천히 즐기며
마음을 붙잡을 수 있다

숨은
내 삶과 순수함을 잇고
몸과 생각의 이음새

땀

삶의 무게로
짠 기름

맛과 향은
삶의 방법에서 우러난다.

텅 빔

무명 無名

무한 속도로 변하는 세계

그 어떤 방법으로도
포착할 수 없는 스텔스

눈앞에 있어도 보이지 않고
빛나고 있어도 보이지 않는
지혜와 무지가 구별되기 이전의 어둠

지혜란

내가 얻어낸 세계를
넓혀가는 것이 아니라

무상세계에
내려놓을 줄 아는 힘

내 것

내 곁에 있다고
내 소유라고?

그냥 잠깐 곁에 머물다 갈 뿐
인연이 닿아 순간을 비비며
살아갈 뿐인데

내 것으로 만들려는 욕망
양심을 판 화려함 뒤의 위선보다

작은 스침에 기뻐하고
작은 누림에 즐거워하며
작은 나눔에 감사하고
작은 사랑을 크게 만드는

내 것이 없는
아름다움을 누리고 싶다.

앎識

무한 속도의 카오스* 속에서

자신이 감당 할 수 있는
속도로 감속시켜 얻어낸

고정된 판단과 정보들로
필연적이고 유용한 무지

*카오스(chaos) : 만물이 나타나기 이전의 혼돈 상태를 이르는 말

처음 가는 길

몸

닳아서 구를 수 없는
타이어

망가져 사용할 수 없는
컴퓨터

나라 착각하고 살지만
언젠가 사라질
한 줌 재

업 2

오온의 유혹에 물들어

입과 몸과 의지로
되먹임 되어

쌓아 올린 탑

시詩란

나를 채우고 있던
생각이 죽고
새로운 내가 태어나

내 안의 나를 비우고
그가 들어와
내 손을 빌려 써 진 것

시 詩

밝음과 어둠
유한과 영원
혼돈 속에서

꿈을 먹은
삶의 동력을

가슴의 언어로
부르는 노래

시인 詩人

유한을 품고
영원을 사유하며

천지창조 이전에 의문을 갖고
파동의 결을

가슴의 언어로 노래 불러
세상을 공명시켜

문화공동체를 만든다

시인의 삶

뜻하지 않는 것들이
내 안으로 밀고 들어와

생각의 죽음과 탄생을
되풀이 하는 삶을 산다

소설가

음양의 융합
탄생과 소멸
근본과 변이

삶 속에 엉클어진
역사의 담론을
이야기로 엮어

한 가슴으로 공명시켜
문명을 창조하고 갱신한다.

핀치 투 줌

때론
손가락이 눈보다 더 빨리 반응 한다

손가락으로 수많은 이미지를 훑어보며
모르는 사이에 두 손가락을 벌린다

벌어진 손가락 사이로
얼굴도 아닌 얼굴
몸뚱이 아닌 몸뚱이들이 들이대고

두 손가락 사이를
집요하게 헤집고 들어서는
탐욕스러운 눈빛들

손가락으로 고통을 벌려 구경하는
참담함에 손가락을 부러뜨리고 싶다.

침묵

우리를 치료하고
힘을 키우기 위해
입술과 마음으로 하는
말을 끊는 것

자연은 말하지 않아도
산천은 늘 푸르다

수양

내 안의 쌀을

하얗게 찧어야

맛있고 다양한 떡을

빚을 수 있다.

예술

영성의 오솔길

부정에서 긍정으로
발전시키는 도구

이해와 기쁨과 사랑이
솟아나게 하는 마술

소문

말은 달콤함을 좋아한다.

세상에서 가장 빠른 악

처음은 겁 많아 왜소하나
금세 하늘을 찌르는 강자

발은 땅위를 걷지만
온 몸에 깃털을 달고 난다

밤마다 어둠을 뚫고
하늘에서 덩덩 놀이판을 편다

어리석은 민중들의
숲에서 춤을 춘다.

마음 챙김

우리의 숨
발걸음, 평화로운 미소를
밝히는 기름

내 안팎의
어둠을 몰아내는 에너지

말 1

습기가 많고
미혹하여 재주부리니
기쁨과 상처를 주는
일상의 절대적 역할 자

하고 그침의 분별은
존경과 신뢰의 바탕

육체의 유혹

감각의 만족을 위해
욕구의 지배를 받아
삼독의 바다를 헤맨다

탐耽 진瞋 치痴가
육신에서 헤엄치고
자아는 감각을 통해 악덕을 부추긴다.

욕망에서 해방되는 영혼은
잃을 것도 없고 두려울 것도 없으니
아름다운 봉사와 사랑만 남는다.

꽃이 아름다운 이유

비바람이 불고 간 자리
꽃잎은 흩어져
흙 속에 밟히면서도
미소를 잃지 않는다

화려함 뒤
초라함을 마다않는 꽃
씨앗의 꿈을 위해

훌훌 기꺼이
자신을 던지니
이 어찌
아름답지 않는가?

숨고르기

뒤돌아볼 틈 없이
오르는 삶
언덕위에서 바라보는
무상함

빗겨가는 별똥별 보며
바람을 스미는
충전의 시간

말 2

생각이 허약하여
영혼을 설득하며

행동을 강제하고
따르게 하는
지배자

유물

공간에서 파생된
경험과 감성의 흔적

전생의 삶이
흘렀을 곳

생명이 나고 진
무한한 공간의 흔적

처음 가는 길

누구에게나
늙어 가는 길은 처음 가는 길입니다

그러기에
서툴러 넘어지기도 하고
늘 새로워 어리둥절하기도 합니다

실수투성이가 되지만
실수를 바탕으로 일어나는
용기가 있기에 삶에 힘이 생깁니다

아픔을 딛고 일어나는 힘은
행복이라는 열매가
늘 옆에서 이웃을 기쁘게 하기 때문이지요

그러니

우리

천천히

아주 천천히

아프지 말고 조심조심

따뜻한 손 맞잡고 웃으며 갑시다

사랑이 커지고

행복한 소망이 자라도록

어제 얻은 늙음을 가슴에서 가슴으로

함께 나누며 갑시다

| 에필로그 |

"나, 무엇인가?" 그 번뇌와 그리움과 사랑의 출처 찾아

홍 문 식

삶이란 고뇌의 연속선상에서 행복을 찾아 떠나는 여행인가? 아니면 여래가 가르친 생노병사의 고통과 애별리고, 원증회고, 구부득고, 오음성고, 여덟 가지 고통의 일상을 즐기는 것일까?

의문을 던지며 살아온 시간들을 돌아보는 날이 있었다. 참으로 어리석은 놈이라 자책하면서 말이다.

창자가 터져 내출혈을 하여 죽을 고비를 넘기고 20여 일의 병원 생활로 대장을 적출하고 나서야 겨우 인생무상이라는 것을 깨닫고 내 삶을 돌아보는 어리석음의 표본임을 알았다.

그날 이후 작은 것부터 하나둘 버림의 시간을 갖기로 결심하고도 버리지 못하는 속물의 근성은 어찌 속인이 아니라 할 수 있겠는가? 아직도 분을 참지 못하고 쏟아지는 입방아와 얼굴색은 참으로 어리석고 또 어리석음을 자책하면서 그래도 스스로를 다스리기 위해 숲을 거닐며 호흡을 가다듬고 '나는 무엇인가?' 라는지 질문을 던지고 나를 들여다보는 기회가 되었다.

아침이 고맙고 감사한 날로 저녁이 아쉽고 부끄러운 날로 하루하루를 지우지만 살아온 그림자는 탑으로 쌓여가는 것을 막을 수 없다. 또 하루의 그림자가 지상에 깊은 발자국을 남기고 그 발자국이 남에게 상처를 남기지는 않았는지 돌아보면 해 끼친 자국들이 도처에서 춤추고 있는데 그 자국들을 볼 때마다 가슴이 저리고 얼굴이 부끄러워지는 마음이 커짐은 노구의 허리를 휘게 한다는 것 이제야 조금 알 것 같다.

내가 아니면 그만이라는 현실에서 삶의 흔적들이 생과 사를 가르는 최후의 순간 자신의 영혼이 육신의 노예로 끌려다녔다는 생각을 하면 서러워서 어찌하겠는가?

삶은 배움의 연속이고 고통의 일상임은 너무도 자명한 일인데 우리는 항상 나는 고통 받지 않고 행복하게 그리고 아름답게 살아야 한다고 생각한다. 그러나 그 사랑이 아픔을 더 주고 그 사랑이 마음에 상처를 더 많이 준다는 사실에 놀라지 않을 수 없다. 그래서 사랑은 "고통과 아픔의 가시밭에서 피어난 꽃"이라고 나는 노래하였다.

가장 가까이 있어야 할 사람, 그리고 가장 아끼고 믿고 돌봐 왔던 이들이 하나 둘 자신의 이익과 안위를 위하여 별의별 핑계와 함께 돌아서는 모습들이 참으로 가엽고 안타까워지고 원망스러워지기도 했지만 다 아무것도 아니고 내 것은 하나도 없는 이 세상이라는 것을 조금씩 알아가면서 그들의 모습이 너무너무 불쌍해 보이고 가여워 보이는 이유는 또 무엇인지 알 수 없어 이 마음의 순례자들이 나를 인도하는 모습에 나날이 놀라고 또 놀라면서 하늘에 감사하고 자연에 감사하는 마음으로 오늘을 또 한 장 내려놓는다.

장자가 「知北遊」에서 말한 "人生天地之間 若白駒之過郤 忽然而已 注然勃然 莫不出焉 油然漻然 莫不入焉 已化而生 又化而死 生物哀之 人類悲之 解其天弢 墮其天袟紛乎宛乎 魂魄將往乃身從之 乃大歸乎(인생천지지간 약백구지과극 홀연이이 주연발연 막불출언 유연류연 막불입언 이화이생 우화이사 생물애지 인류비지 해기천도 타기천질 분호완호 혼백장왕 내신종지 내대귀호)"라는 글귀가 다시금 가슴을 때렸다.

'하늘과 땅 사이 인간의 삶의 시간이라는 것은 마치 준마가 벽 틈 사이를 지나가듯이 홀연히 사라지고 말며, 샘물이 솟아나듯 생명이 태어나는 것을 막을 수 없고 구름이 흘러가듯 삶이 허무함을 막을 수 없는데 나는 이미 자연의 조화에 따라 생을 받았으니 이제 자연의 순리에 따라 죽음을 얻는 것인데 살아있는 것들은 애통해하고 사람들은 슬픔에 젖는다. 죽음이란 삶을 잠시 맡겨두는 것이므로 하늘에 활 주머니를 풀어놓는 것이고 하늘의 칼 주머니를 뽑은 것이니 천지간의 기운이 얽히고 설켜 혼백은 이제 떠나려고 한다. 우리들 몸뚱이도 혼백을 좇아 고향 길을 찾아드니 아아 마침내 본향으로의 대 귀향이 이루어지는구나.' 하고 장자는 인간의 삶에서 죽음을 맞이하며 죽음은 하늘이 잠시 맡겨두었다가 고향으로 데려가는 것이라고 하였다. 그래서 오늘의 삶을 살아가면서 하늘의 본성을 찾지 못하는 사람들을 보고 슬퍼하였다.

 삶은 놀람의 연속인 것 같다. 그래서 놀람 교향곡이 나왔는지 모른다. 어제와 같은 모양의 하루는 하나도 없다. 내 몸에 달고 있는 손가락이 다르고 왼손과 오른손의 모습이 다르듯 오늘의 내 얼굴과 어제의 내 얼굴 모습이 달라지는 것을 느낀다는 것은 참으로 내 삶의 의미를 돌아보지 않을 수 없어 오늘도 사유를 끝낼 수 없다는 것이 참으로 감사하다.

 시간의 바느질이 한 땀 한 땀 꿰매지는 것이 아니라 풀려져 간다는 사실을 늙음이라는 지혜를 얻고서 깨닫듯이 말이다. 사랑하고 싶은 대로 사랑하고 슬퍼하고 싶을 대로 슬퍼하는 삶, 웃고 울고 소리치며 자신의 감정을 육신의 유혹에 맡겨 두고 우린 매일 그것이 진실인 줄 알고 당연한 하루를 보내고 있기 때문이다.

겨울 솔밭에서 나무의 노래를 들으며 그들이 녹음한 새소리, 풀벌레 소리, 바람 소리, 빗소리가 나이테가 풀리면서 울려 퍼지는 이 자연의 노래를 겨울 숲을 걸어보지 못하곤 알 수가 없다. 귀를 씻고 숲에서 대자연의 웅장한 교향곡을 들어보라. 무엇이 그리 바쁘고 안타까우며 욕심이 나겠는가? 그것은 텅빈 공간이며 커다란 울림통에서 공명하는 웅장함이요 신비함이다. 이런 신성함 속에서 우린 그저 잠시 바람에 날려가는 미세먼지일 뿐이다. 여기엔 애착할 것이라고 없다는 것을 보는 순간이 곧 내 삶의 결실이라는 것이다. 그때 보는 내 삶의 결실이 초라한 나뭇가지의 작은 열매 아니 풀숲의 작은 풀씨라 하더라도 그것이 우주임을 알고 감사한다면 아니 감사하는 마음을 가질 수 있다면 그 삶은 아름다운 삶일 것이다. 과연 우리는 그 순간 감사할 수 있을까?

아직도 우린 내가 가지고 있는 마음의 집착 아니 육신의 욕구에 조금도 양보함이 없이 오늘 하루를 활기차게 보내며 보람 있게 살고 있다고 어울려 웃고 기뻐하며 화

내고 욕하며 질투하고 삿대질을 하며 살고 있다. 멋있는 옷, 자동차, 커다란 침실과 거실의 주택, 맛있는 음식과 높은 지위와 막강한 금력으로 갑 질 하는 삶을 희망하고 그것을 향해 달음박질하고 있다. 그것이 삶의 행복이라고 믿기 때문이다.

1. 나무의 노래를 들으며

 이 추운 겨울에 나무는 왜 노래를 부를까? 그것은 지나온 계절을 보면 알 수 있다. 봄에 꽃을 피우고 벌 나비들이 찾아오고 새들과 풀벌레들이 자신의 품에서 노래하고 여름의 뜨거운 햇살과 사막 같은 더위 그리고 사정없이 내리치는 천둥 번개와 태풍으로 가지가 찢어지는 아픔과 슬픔에도 붉게 타는 태양의 입맞춤으로 온 산을 곱게 물들여 그 아름다움의 스며듦으로 색칠해 저녁노을을 닮은 온 산을 만들고도 모자라 자신의 옷을 스스로 훌훌 벗어 던지고 가지마다 하늘의 별을 초롱초롱 매달아 놓았으니 이제 무엇이 부럽겠는가, 이 겨울 동토의 매서운 눈비가 살을 에어가도 따스한 봄은 그들이 몸으로 알고 있기에 그저 행복하기 때문에 노래를 부를 수밖에 없다. 자연의 공명 텅 빔의 웅장한 공명이기에 아름다운 노래가 나오지 않을 수 없는 것이 아닐까?

장자는 「達生」에서 "生之來不能却 其去不能止 悲夫! 世之人 以爲養形足以存生 而養形果不 足以存生 則世奚足爲哉! 雖不足 爲而不可不爲者 其爲不免矣 夫欲免爲形者 莫如棄世 棄世則無

累 無累則正平 正平則與彼更生 更生則幾矣 事奚足棄而生奚 足遺! 棄事則形不勞 遺生則精不虧

夫形全精復 與天爲一 (생지래불능각 기거불능지 비부! 세지인이위양형족이존생 이양형과부 족이존생 즉세해족 위재! 수부족위이불가불위자 기위불명의 부욕면위형자 막여기세 기세즉무루 무루즉정평 정평즉여피갱생 갱생 즉기의 사해족기이생해족유! 기사즉형불로 유생즉정불 휴부형전정복 여천위일)"라 하였다.

이는 '오는 생명을 막지 못하고 생명이 가는 것 또 한 잡지 못하니 애처러운 일이다. 세상 사람들은 몸을 잘 간 수하기만 하면 오래 살 수 있다고 생각한다. 몸을 잘 보 양하는 것으로 생명을 보존하는 것이 불가능함에도 세상 사람들은 왜 몸을 보양하는 데만 전력을 다하는지 모르 겠다. 비록 그들의 행위가 부족하지만 그치지 못하고 하 지 않을 수 없는 것은 아직 몸을 보양한다는 세속의 습관 을 버리지 못하기 때문이다. 대저 몸을 보양하기위한 수 고에 벗어나고자 한다면 세속적인 잡다한 일을 버리는 것보다 좋은 것이 없다. 세속적인 것을 버리면 마음의 번거로움이 없게 되고 마음에 번거로움이 없어지면 마음이 바로 편안해진다.

  마음이 바로 평온해지면 자연의 도와 더불어 생명이 되살아난다. 생명이 되살아난다는 것은 자연의 도에 가까워지고 있다는 것이다. 세속적인 일을 어째서 버려야만 하고 생명의 집착을 어째서 버려야 하는가? 세속적인 일을 버리면 몸은 지치지 않게 되고 생명의 집착을 버리면 정신의 손상되지 않기 때문이다. 그러므로 몸은 본래대로 온전해지고 정신이 본래대로 회복되었다면 그것이 자연의 도와 더불어 하나가 되는 것이다.'

  내가 어린 시절 유학을 하시는 외할아버지께서 어느 날 석양이 깃드는 저녁 무렵 손가락으로 문창호지에 구멍을 내고나서 석양의 햇살이 들어오는 문구멍의 햇살에서 무엇이 보이냐고 물으시기에 나는 "먼지 같은 것이 날아다닌다."고 대답 했다. 초등학교에 막 들어간 어린 꼬마에게 "그 먼지 같은 것에서 또 무엇을 볼 수 있느냐?"고 물으시기에 "반짝이는 먼지도 있어요."라고 대답했다. 그때 할아버지의 말씀 "그 먼지가 너다. 그러나 그 먼지들 중에서 반짝이는 먼지가 되어라." 하시던 말씀이 그때엔 무슨 뜬구름 잡는 이야기인지 귓등으로 흘러갔었는데 병원 침상에 누워 있을 때 머리를 내리치는 그 통증과 놀람의 깨달음 지금도 가슴이 뛰고 현기증을 느끼던 그 순간을 잊을 수 없고 그날 밤 때늦은 후회와 눈물을 어머님을 여의고 난 후 처음이었을 것이다.

왜 그리도 못 깨달았을까? 왜 그리도 애착의 시간을 보냈는가? 그 모든 시간이 먼지처럼 날아가는 것이고 아무도 없는 것인데 내 영혼은 반짝이지도 못하고 그냥 날아가 버린다고 생각하니 참으로 순간의 영원함이라는 것이 절실하게 다가왔다.

불교의 「장아함경」에 "세상에는 세 가지 헛된 가르침이 있으니 '사람의 운명은 타고나는 것이며, 그것은 신의 뜻이며, 모든 것에는 아무런 원인이 없다'는 것이 그것이다."라는 구절이 생각난다.

불교의 삼보(三寶)에 대한 이야기이다. 삼보란 불보(佛寶), 법보(法寶), 승보(僧寶)를 일컫는다. 불보는 부처님에 대한 우리의 영적인 수행과 연결시켜 깨달음으로 향하는 것을 말하는데 곧, 어떤 고통으로부터 벗어나 기쁨을 얻는 것을 말한다. 법보란 무지로부터 벗어나 깨달음으로 들어가는 것을 말하며 수행을 열심히 하면 지혜는 자연스럽게 얻어지는 하나의 과정이다. 승보는 불도를 실천해 나가는 윤리적 측면을 말하는데 부처님의 법을 통해 바른 삶을 닦는 것을 말한다고 한다.

내 자신의 삶을 살면서 세상의 모든 일을 네 탓으로 하는 우리들의 삶을 돌아보고 내 삶의 모습들이 그 스스로 만들어 놓은 원인에 의하여 일어난다는 사실을 깨닫지 못한 나의 그림자들을 통해 자신을 비춰보는 날들이 많아짐이 늙음의 지혜인지도 모르겠다. 신이 준 삶에 감사하고 아름답게 가꾸었다가 고향으로 돌아가 그 아름다움의 꽃을 선물로 가져가야 하지 않을까?

봄 가뭄이 심해지면 땅은 갈라지고 샘물을 말라 물고기들은 웅덩이 깊은 곳으로 모여 서로의 비늘을 부비며 지느러미로 물기를 끼얹고 거품을 뿜어 서로 껴안는다. 평소 풍족한 강물 속에서는 유유히 놀면서 서로를 잊고 살며 물의 고마움이라는 것을 느껴보지 못하고 드넓은 강과 호수를 노닐었다. 우리가 날숨과 들숨을 쉬면서 맑은 공기의 고마움을 모르고 세상을 주유하는 삶이 얼마나 어리석은 삶인가?

물이 없어 몇 십리를 걸어가 흙 웅덩이의 물을 겨우 한 바가지 얻어 그것으로 씻고 먹는 아프리카의 현실을 텔레비전으로 보면서도 우리는 흥청망청 물을 쓰고 낭비하면서 제한 급수를 하면 불평부터 터뜨린다.

자연 즉 조물주는 나에게 형체 즉 육신을 선물로 주어 스스로를 수고함으로 삶을 풍요롭게 하고 근로의 아름다운 땀으로 삶을 향기롭게 하며 늙음의 기쁨으로 우리를 편안하게 하였으며 죽음을 통하여 고향의 포근함을 주었다. 그러기에 우리의 삶은 고향으로 돌아가는 길을 아름다운 꽃길을 만들기 위한 노력이며 고향으로 돌아갈 때 가득 담아가야할 아름다운 금잔화가 가득한 영혼의 꽃바구니가 필요한 것이다. 그러기에 금의환향이라는 말이 나온 것이 아닌가 생각한다. 죽어야 피는 꽃 그것은 바로 내 영혼을 아름답게 가꾸는 삶 마음의 밝음을 통해 공명하는 삶을 만들어 가야하는 삶의 모습이 되어야 하지 않을까?

　숲에서 부는 바람이 아름다운 노래로 들리기까지 칠순을 바라보면서 깨닫게 되었다. 자연의 섭리 그 위대한 삶, 겨울눈과 바람의 조화 그리고 위로 흐르는 물의 웅장한 오케스트라를 들을 수 있는 귀를 열어 현생을 아름답게 가꾸어 봐야 하지 않을까?

2. 그리움의 출처를 찾아

　틈틈이 집 뒤의 된봉산을 운동 삼아 아내와 함께 오르

내리면서 숲의 숨소리를 들으며 계절의 변화를 피부로 받아 몸으로 씻으며 시간을 지우며 산 정상의 천제단에서 감사기도를 드린다.

매일 가는 것은 아니지만 새벽으로 올라가면 오늘 하루를 다시 주시어 감사하고 함께 걸을 수 있게 해주어 감사하고 맑고 밝은 해와 공기를 주시어 감사하고 또 오늘 하루가 행복할 수 있도록 그리고 나를 아는 모든 사람들이 행복하고 잘 될 수 있도록 도와달라고 나로 인해 태어난 핏줄 그 아픈 삶들에게 건강과 행복하게 도와달라고 기도를 드리는 것으로 하루를 시작한다.

참 이상하다 아침에 산에 올라 기원을 하고 돌아서면 가슴속으로 작은 울림이 찾아든다. 삶의 아름다운 영혼 그 그리움의 고향이 향긋한 향으로 가슴을 울렁이게 하여 내 발걸음을 가볍게 만든다. 웃음이 입가에 묻어나고 만남의 벅참이 아픔이 그리고 울렁임이 솔숲 속에서 흘러나오는 이유는 무엇인가?

두고 온 산하를 그리워하는 이들의 주름살처럼 가슴의 주름들은 삶의 페이지를 넘겨가며 밑줄 친 연필 흔적들을 살피고 있는 것이다. 그리고는 혼자 웃다 혼자 눈물을 짓는 망측스러운 짓을 서슴지 않고 부끄러운 줄 도 모르고 한다.

「법구경」에 보면 "사랑하는 사람과 만나지 말라. 미운 사람과도 만나지 말라. 사랑하는 사람은 못 만나 괴롭고 미운 사람은 만나서 괴롭다."라는 말이 있다. 참으로 오묘하다는 느낌을 받을 때가 많다.

인간사에서 사실 남녀의 사랑은 저지할 수 없는 인간의 본능이다. 누구도 이 본능으로부터 자유로울 수도 없으며 또한 거역할 수도 없다. 동서고금 많은 선인들이 이 사랑을 논해왔지만 그것은 한갓 개인적인 사견일 뿐 정의할 수도 없다.

사실 부처님은 남녀의 애욕을 끊으라고 한 것이 아니라는 점이다. "사랑하는 사람도 만나지 말고 미워하는 사람도 만나지 말라."고 하신 말씀의 이면에는 "헌신적인 사랑을 할 수 없다면 사랑을 하지 말라."는 깊은 뜻이 숨겨져 있기 때문이다. 그럼 부처님이 말씀하시는 진실한 사랑이란 무엇일까? 그것은 '증오와 미움'이 섞이지 않은 '참된 사랑'을 뜻한다. 참된 사랑에는 어떤 댓가가 따르지 않는다.

사랑은 그리움으로 시작하는 것 같다. 그래서 보고 싶고 또 보고 싶으며 옆에 있어도 또 보고 싶으며, 주고 싶고 또 주어도 또 주고 싶은 것이 사랑이고 그리움이 아닌가 싶다. 부모의 사랑, 남녀의 사랑, 그 사랑이 아픔을 낳고 그 아픔이 그리움으로 솟아나는 것이 아닌가 싶다.

불교에서는 '옷깃만 스쳐도 인연이다.'라고 한다. 이 말을 바꾸어 말하면 나와 소중한 만남을 한 사람을 귀중히 여기라는 것이 아닌가 싶다. 우리는 평생을 살아가는 동안 수많은 인연의 매듭을 엮는다. 그것이 좋은 인연이든 나쁜 인연이든 자의든 타의든 자신도 모르게 인연을 맺게 되는 것은 분명한 것 같다.

사실 우리는 왜 이 땅에 왔으며 이 땅에 내가 왜 있는지도 모른다. 즉 '온 곳을 모르며 가는 곳도 모르는 것'이 바로 인생이다. 그러나 우리가 간과하지 말아야 할 사실이 있다. 과거세, 현세, 미래세, 이 삼세 중 나는 현세에 살고 있는데 이 현세의 나는 수많은 인연의 끈으로 이어져 있다는 것이다.

우리는 평생을 살아가면서 단 한사람, 특별한 사람을 만난다. 그 사람이 바로 나의 아내요 남편이다. 이 두 사람의 인연은 수천의 생이 반복한다고 해도 다시 만날 수 없는 위대한 인연임을 알아야 한다.「옥야경」에 다음과 말이 있다.

"어머니 같은 아내란 밖에서 남편이 남들에게 흠 잡히지 않게 어머니가 자식 생각하듯하는 아내이며, 누이 같은 아내란 혈육을 나눈 형제처럼 순수한 마음으로 누이

가 오라비를 섬기듯 하는 아내이며, 친구 같은 아내란 서로 의지하고 사랑하며 그 어떤 비밀도 없고 잘못을 보면 충고하는 어진 벗과 같은 아내이다."

이렇듯이 아내를 사랑하고 남편을 사랑하는 것은 비단 두 사람만의 일이 아니라 올바른 가정을 유지시키는데 필요한 가장 큰 덕목이 아닐까.

우리는 스쳐 지나가는 만남을 단순하게 생각하는 경향이 있다. 이것은 어리석은 마음 때문이라고 한다. 현재 나의 곁에 있는 모든 사람들은 귀중한 인연을 통해 만난 것이다. 그런 그들을 마음껏 사랑하지 않는다면 이 세상에 살아야 할 이유가 어디에 있겠는가? 사랑은 위대한 힘이다. 사랑으로 만들어진 가족은 그 사랑으로 인해 모든 고난을 이겨낼 수 있을 것이다. "집에서는 부모를 효로 섬기고 가정을 다스려 처자를 보살피며 부질없는 짓을 행하지 않는 것, 그것이 가장 좋은 길상이다."라고 「법구경」에서 부처님은 효에 대해 많은 설화를 바탕으로 이야기를 하셨다. 또한 자식이 왜 부모에게 효를 다해야 하는지를 아주 명쾌하게 설법하셨다. 오늘날 내가 존재하는 것은 부모가 있기 때문이다. 이 하나만으로도 우리는 부모를 공경하고 효를 다하지 않으면 안 된다.

"부모가 병들면 자식은 갖가지 방법으로 병고를 빨리

제거하도록 해야 한다. 그리하여 오근(五根)이 경쾌하고 편안하게 조화되며 양질의 음식으로 체력이 견고해져서 온갖 고통을 떠난 가운데 장수를 누리도록 해드려야 한다. 왜냐하면 지금의 이 몸이 세상에 있는 것은 부모의 생육을 받았기 때문인데, 이런 이유로 부모의 은혜가 무거운 까닭이다."

그래서 우리는 부모님에 대한 그리움을 평생 몸에 문신하고 살아가는 것이 아닌가 싶다. 그리움은 생육을 받는 그 날부터 육신을 벗는 그날까지 삶의 전부를 차지하고 있다고 본다. 그래서 시인은 그리움을 찾아 여행을 하고 그리움을 노래하여 세상을 공명시키는 의무를 타고난 것이 아닌가 싶다.

늘 무언가 그리워 허전 할 때 우리는 찻잔을 기우리며 허공을 주시하고 사색에 잠기기도 하고 담배 연기 속으로 스며들어 연기 속에 아련히 피어오르는 추억들을 소환하여 이야기를 나누며 눈시울을 적시기도 하고 알 수 없는 미소를 띄우기도 한다. 이렇게 그립다는 것은 고향을 떠나 타향살이를 해보면 고향의 맛이 항상 입가에서 촉촉이 묻어나는 느낌에 우리는 어머니의 손맛을 생각한다.

명절을 맞아 고향 집에 가면 구수한 장맛과 어머니가

무쳐놓은 나물과 반찬의 맛과 향에 취하여 과식을 하게 된다. 그래도 좋다. 그래서 그동안 잊었던 어머니의 정과 맛을 듬뿍 담아 그리움을 한꺼번에 씻어내려고 한다. 그리움, 그 그리움이란 고향은 우리의 정서를 포근하게하고 따뜻하게 한다. 그러나 돌아서 다시 현실로 돌아오면 그 그리움은 어디론가 사라지고 삶의 현장에 빠져든다.

어머니의 품, 맛이 그리움의 고향인 것처럼 생명을 준 하늘 즉 조물주의 품은 우리 영혼의 고향인 것이다. 그 무한한 공간 속으로 빨려들어 가려는 삶의 공상들 우리는 상상의 날개를 펴고 늘 꿈을 꾼다. 그 꿈속에서 이루어지지 않는 일들을 혼자의 생각속에 떠 올려놓고 혼자 웃고 혼자 울고 혼자 즐기며 슬퍼도 하고 기뻐도 하고 화 내기도 하지만 이것은 자신의 삶의 흔적들을 돌아보는 것이 아니라 내 영혼의 자취를 돌아보는 자취인 것이다. 이 영혼의 공행을 향한 삶을 옛 성인들은 깨달음, 도, 영생 등으로 표현한 것이 아닌가 싶다. 그래서 그것은 무한한 공간이며 텅 빔이며 어디에도 머물지 않는다고 한 것일 것이다.

이 영혼의 성숙을 위해 끝없이 체득해 나아가야 하고 스스로 얻은 바가 있다고 생각하지 말고 마음의 작용은 거울에 비춰보는 것과 같아 텅 빔만 있다고 붓다, 장자,

노자, 공자, 그리고 티베트불교에서도 아니 동서양의 모든 문화에서 공통적으로 이야기하고 있다. 그 텅 빔의 공간 속에 빨려들어 가고자 하는 삶의 몸부림이 곧 그리움의 고향이 아닐까?

내 삶의 아름다움을 가꾸는 금의환향을 위한 아름다운 도전 즉 죽음을 맞이하는 자신의 자세를 티끌 없이 맑고 밝고 존엄하게 한다는 것은 바로 영혼을 씻고 또 씻어 세상에 와서 혼탁해지고 더러워진 영혼을 깨끗이 씻어서 아름다운 꽃으로 만들어 가야 할 의무를 지닌 것이 바로 자식 된 도리가 아닌가 싶다. 그러므로 하늘이 준 우리의 생명을 하늘이 부르는 날까지 아름답게 가꾸고 다듬어서 존엄한 생명의 가치를 위한 노력이 바로 그리움의 출생지가 아닌가 싶다. 그리움은 그래서 아름답고 그리움은 그래서 예술인 것이다.

3. 사랑의 싹을 찾아

"그대들에게 이르노니 잡초를 뿌리째 뽑아버리듯 욕망을 뽑아 버려라. 그리하면 거센 물살이 갈대를 쓰러뜨리듯 마라가 그대를 쓰러뜨리지 못하리라." 「법구경」 인간의 욕망은 항상 고통과 비례하고 행복과는 반비례한다는 말이 있다. 재물 욕심이 많으면 많을수록 거기에 따르는 고통은 그와 같다는 말일 것이다. 이와 같이 인간이 만든 욕망의 항아리는 채워도 채워도 다 채워지지 않는 밑 없는 독과 같다.

이것 때문에 끊임없이 싸우고 질투하고 심지어 남을 죽이기까지 한다. 인간이 동물보다 어리석은 것이 있다면 바로 욕망으로 가득 찬 마음이다. 일찍이 그리스의 철학자 소크라테스는 "나는 가장 적은 욕망을 가지고 있었기에 행복했다."라고 말했다

욕망이 없다면 이 세상을 살아야 할 가치 또한 없다. 그러나 그 욕망을 조절하는 것도 사람의 마음이 아니겠는가. 항아리도 비워 두어야 새로 채울 공간이 생기는 법이다. 행복은 끊임없이 빈자리와 빈 곳을 채우는 과정에서 오는 것이며 이미 채워진 곳에 더 채워야 할 행복은 없다.

"복은 깃털보다 가벼우니 잡을 수 없고 재앙은 땅보다 무거우니 피할 수 없다 인위적인 덕으로 세상 사람들을 대하는 일들을 그만 두어라. 福經乎羽 莫之知載 禍重乎地 (복경호우 막지지재 화중호지) 莫之知避 已乎已乎 臨人以德 (막지지피 이호이호 임인이덕)"라고 장자는 「人間世」에서 말하고 있다.

또 「서무귀」에서는 "탐욕스러운 자는 돈과 재물이 쌓이지 않으면 근심하고, 자기를 자랑하고자 하는 사람은 권세를 얻지 못하면 슬퍼하며 권세와 재물을 따르는 사람은 변란이 생기길 기다린다.

이런 자들은 언제든지 자신들에게 유용한 때를 만나기만 하면 무슨 짓이든 하지 않고서는 못 견딘다. 이들은 시세의 변화에 잘 적응하여 따르고 물질에 의하여 자신을 변역시키는 자들이다. 몸과 정신을 세상 물질에 푹 빠지게 하여 평생 동안 자신의 본성으로 돌아오지 못하니 참으로 서글픈 일이다. 나는 외물(밖으로 나타나는 현상)에만 추구하여 자신의 본성을 잃는 사람을 불쌍하게 여긴다."라고 말하고 있다.

錢財不積則貪者憂(전재부적탐자우) 權勢不尤則夸者悲(권세불우즉과자비)

勢物之徒樂變(세물지도락변) 遭時有所用(조시유소용) 不能無爲也(불능무위야)

此皆順比於歲 不物於易者也(차개순비어세 불물어역자야)

馳其形成 潛之萬物(치기형성 잠지만물) 終身不反 悲夫!(종신불반 비부!)

我悲人之者喪者(아비인지자상지) 徐無鬼(서무귀)

노자는 도덕경에서 "말을 달리며 즐기는 사냥이 사람의 마음을 미치게 한다. 물거품처럼, 아지랑이처럼 세상을 보라. 馳騁畋獵令人心發狂(치빙전렵령인심발광)"라고 이르고 있다.

이 같이 세상을 보는 사람은 죽음의 왕도 그를 보지 못한다. 우리는 하루하루 세상을 살아가면서 우리가 살고 있는 이 세상이 점점 더 악화되어 가고 있음을 느끼지 않을 수 없다. 이 음침하고 무서운 위협은 우리가 볼 수 없는 곳에서 혹은 눈앞에서 우리의 건강과 가족들의 행복을 노리고 있다. 사회 질서는 혼란스러우며 불안정하며 상호 대립되기까지 하고 폭발 직전에 왔다. 정부와 교육 제도에 대한 냉소, 전 세계를 공포에 몰아넣은 테러의 위협, 끊임없는 생활난에 관한 우려는 우리 곁을 떠날 줄 모른다.

그럼 이 같은 위협은 누가 만들었는가. 바삐 돌아가며 치열한 경쟁만이 존재하는 이 세상, 채워지지 않고 우리를 지치게만 하는 이 세상에서 살아남기 위해 우리는 늘 투쟁한다. 우리는 매일 아침에 일어나 잠자리에 들 때까지 매 시간마다 방향을 상실했다는 느낌을 지울 수 없다. 한 인간으로서 나의 진정한 가치는 무엇인가. 어찌 인간의 삶을 헐값에 사고팔게 되었는가? 이 모든 것은 '마음'이 만들어 낸 현상들이다. 마음은 부유하는 욕망과 같은 것이어서 항상 악과 선을 만들어낸다. 선을 만들면 그 사회는 행복할 것이고 악을 양산해 낸다면 사회는 악의 구렁텅이로 빠지는 것이 자명한 일이다. 결국 이 세상은 선보다 먼저 악이 넘치기 때문에 우리가 고통을 받고 있는 것이 틀림없다.

사람들은 이것들로부터 벗어나기 위해, 아니 위안을 받기 위해 몽유병 환자처럼 타락과 사치로 일관한다. 사회가 위기에 처했을 때마다 먼저 관찰되는 것이 있다면, 그것은 '집착'이다. 집착은 욕망을 양산하고 마음의 분별력을 잃게 만드는 원인이 된다. 이 집착을 버리지 못하게 되면 마음속에는 거짓된 것이 자리하게 되는 것이다. 이는 사람이 가진 본성을 망각하게 하는 원인이 되며 결국에는 스스로의 정체성마저 잃게 되어 깊은 파멸로 스스로 걸어가게 된다. 결국 이것은 자신에게 역행하는 것이다.

사람이 욕망에 집착하게 되면 그것은 '화'를 만들어 내게 되며 '화'는 있는 그대로를 망각하여 욕심과 위협과 타락의 원인을 제공한다. 결국 사람은 이를 통해 정체성을 확인하고 가치관을 만들어 내기도 하며 때로는 스스로 행복해 한다. 마치 자신이 쏟아지는 수천 편의 광고 속에 나오는 예쁘고 잘 생긴 인물이 된 듯 말이다.

그것이 아니라면 종교, 정치 집단, 소속 단체 등에 대한 얄팍한 동지 의식과 싸구려 믿음에 맹목적으로 의지한다. 성스러우며 내재적으로 모든 것을 갖춘 자신의 본성은 외면한 채 활발한 단체나 시끌시끌한 종교로부터 부여받은 값싼 정체성에서 의미를 찾으려 한다. 깊이 없는 교리와 배타적 신념 체계는 자기네 광기를 전수받으라며 유혹하고 우리는 그걸 따른다. 그들은 자신들이 찾고자 하는 것을 찾았는가? 아니면 자신을 자신의 본성으로부터 분리시키는 허상(虛想)만을 고집하겠는가? 그래서 〈원각경〉에서는 "욕망은 애착에서 생겨나며 우리의 생활은 그 욕망에 기초하여 행해진다."라고 이르고 있다.

인간에겐 대개 다섯 가지의 욕망이 있다. 재물욕, 색욕, 명예욕, 음식욕, 수면욕이 그것이다. 불교에서는 이를 두고 인생 오욕(五慾)이라고 한다. 이 오욕 때문에 인간은 서로 죽이고 짓밟고 다투는 것이다. 이것이 없다면 인간은 동물과 다름이 없다. 그런데 이 욕망이라는 것은 인간을 무한하게 발전시키기도 하고, 때론 파멸로 이끌기도 한다.

"즐거움을 받아도 함부로 기뻐하지 말고 괴로움에 부

덮혀도 근심을 더하지 말아야 한다."라고 〈잡아함경〉에 가르치고 있는 것이 아닐까?

우리가 일상적으로 쉽게 접하는 법구(法句)가 있다면 그것은 아마 백팔번뇌일 것이다. 그러나 대개 불교 신자가 아닌 일반인들은 이 백팔번뇌의 의미가 어디에서 나왔는지 잘 모른다. 불교에는 육근(六根)이라는 용어가 있다. 안근(眼根), 비근(鼻根), 이근(耳根), 설근(舌根), 신근(身根), 의근(意根)인데 인간의 육체를 여섯 개로 나눈 것이다. 즉 눈, 코, 귀, 혀, 몸, 마음이다. 여기에 즐거움, 나쁨, 평등 즉 호악평등(好惡平等)의 3을 곱하면 18번뇌가 생긴다.

그리고 육근의 인식 작용인 육식(六識)에다가 세 수, 즉 낙수(樂受, 즐거움), 고수(苦受, 괴로움), 사수(捨受, 즐겁지도 괴롭지도 않음)의 3을 곱하면 이것 또한 18번뇌가 생긴다. 이 둘을 더하면 36가지의 번뇌가 생기는데 여기다가 과거세, 현세, 미래세의 3을 곱하면 108번뇌가 되는 것이다.

결국 108번뇌의 의미는 현세의 번뇌뿐만이 아니라 전생과 현생, 미래 생에서 오는 모든 번뇌를 말하는 것으로 보면 된다. 이러한 백팔번뇌를 모두 없애기 위해서는 우리 몸의 테를 이루는 육근을 모두 참회해야 된다. 이것이 바로 우리가 말하는 육근 참회인 것이다. 인간의 번뇌는 인간의 몸을 구성하는 이 여섯 가지가 만드는 것이라고 보면 된다. 그러므로 인간의 번뇌를 없애기 위해서는 육근을 깨끗하게 하는 방법밖에 없다.

보통 사람들은 자기의 삶에 대해 그다지 중요하다고 생각하지 않는다. 그것은 자기의 고정관념에 매여 살기 때문이다. 급기야는 오직 자신의 잣대와 가치관에 따라 현재의 자기를 판단하는 것이다. 실상은 그렇지 않다. 현재 자신이 살고 있는 이 순간이 가장 가치가 있는 것이다. 그래서 "물이 흐리지 않거나, 끓고 있지 않거나, 이끼로 덮여 있지 않다면 제 얼굴을 있는 그대로 볼 수 있다."라고 〈상응부경전〉에서 우리를 일깨워 주고 있는 것이다.

우리의 몸은 눈, 코, 입, 귀, 몸, 그리고 뜻(意)으로 이루어져 있다. 이것을 불교에서 육근이라고 하는데 이 중의 가장 으뜸은 뜻이다. 뜻은 마음이라고도 할 수 있다. 이 마음이 움직여 우리의 오감을 작동시킨다. 사람의 얼굴 표정을 보면 그 사람의 마음을 알 수 있는 것도 이 때문이다. 그 사람이 가진 내관(內觀), 즉 마음의 심리 상태가 얼굴로 전이가 되어 표정으로 나타나기 때문이다. 결국 마음이 욕망으로 가득 차 있거나 흐리거나 슬픔에 빠져있다면 자신의 얼굴 역시 편안한 모습이 될 수가 없다.

"승자는 원한을 낳고 패자는 괴로워한다. 그러므로 이기고 짐을 떠나 마음의 고요를 얻은 사람은 즐겁게 산다."라고 〈법구경〉은 가르치고 있다.

성철 스님이 인간의 영혼에 대해 이야기한 적이 있다. 그 유명한 '불생불멸 상주법계(不生不滅 常住法界)'란 법문이다. 성철 스님은 '질량보존의 법칙'을 증명하여 노벨 물리학상을 받은 앤더슨(Carl. D. Ander Son)과 세그레(Emilio Segre)의 예를 들며 인간의 영혼은 윤회한다고 법문을 한 적이 있었다.

"물 한 그릇을 얼게 하면 얼음(氷)이 되고 얼음을 녹이면 물이 된다. 물이 얼어서 얼음으로 되었다고 물이 없어진 것이 아니고, 또 얼음이 녹아서 물이 되었다고 얼음이 없어지고 물만 생긴 것이 아니다. 얼음이 없어지지도 않고, 물이 없어지지도 않았으니 불생불멸이며 동시에 물 한 그릇은 항상 그대로일 뿐 더하지도 덜하지도 않다. 이것이 상주법계다. 불교의 '불생불멸 상주법계'라는 것은 질량과 에너지의 관계, 즉 에너지가 질량이며 질량이 에너지라는 등가원리에 의해 물리적으로 증명된 일이다."라고 하셨다.

그 당시 이 법문은 불교계에 큰 파장을 일으켰다. 스님이 물리학 이론을 동원해 법문을 한 것은 매우 이례적인 일이었기 때문이다. 질량보존의 법칙은 무형의 에너지를 유형인 질량으로 전환시키고, 또 유형인 질량을 무형인 에너지로 전환시켰다.

사실 부처님은 이미 2,500여 년 전에 인간의 영혼은 윤회한다는 것을 설파했다. 부처님은 대승, 소승, 경전, 논전에서 "사람이 죽으면 그만이 아니고 몸을 바꾸어서 다시 태어난다."고 밝히고 있다. 윤회는 불교의 원리를 이해하는데 아주 중요하다. 만약 윤회한다면 윤회하는 것의 실체는 무엇인가. 불가에서 그것을 영혼이라고 지적하지는 않았지만, 불교의 식(識)으로 말하면 제 8 아라야식(阿懶耶識)을 가리키며 그것은 영혼 자체를 뜻한다. 이를 불교에서는 흔히 업이라고 부르기도 하는데 인간의 이 같은 의식은 그대로 남아 생사 윤회하는 근본이 된다는 것이다.

이것은 결정적 사실이며 그 과보가 분명하다고 많은 경전에서는 이를 소상하게 밝히고 있다. 특히 불교에서는 현생에 지은 죄는 현생이든 후생이든 그 과보를 반드시 받는다고 한다. 사람이 죄를 짓는 것은 오직 사악한 마음 때문이지만, 이 마음이 선을 만들기도 하는 것이다. 인간은 원래 동물의 유형에서 진화했다는 학설도 있다. 인간의 마음이란 동물의 유산이며, 마음을 초월하지 않는 한 진정한 인간이 될 수 없다는 것이다. 우리의 육체는 인간의 모습을 하고 있지만 그 마음은 사백 만년이나 걸린 기나긴 진화과정의 산물이며, 우리의 마음속에는 우리가 거쳐 왔던 여러 동물들이 내재되어 있다는 것이다.

동양의 도교에서도 이와 비슷한 이야기를 하고 있습니다. 장자는 「지북유(知北遊)」에서

"사람의 삶과 죽음도 기의 변화의 한 과정이다. 기가 모여서 뭉치면 삶이고 기가 흩어지면 죽는 것이다. 삶과 죽음은 서로 꼬리를 물고 순환한다. 그것이 자연의 법칙이다. 「人之生 氣之聚也 聚則爲生 散則爲死 生也死之徒 死也生之始 孰知其紀(인지생 기지취야 취즉위생 산즉위사 생야사지도 사야생지시 숙지기기)」"라고 하였다.

기의 흐름이기 때문에 기가 뭉쳐지면 삶이 되는 것이고 흩어지게 되면 죽는 다는 것은 자연의 이치이므로 자연으로 돌아가는 현상이 죽음이라는 것이지요. 즉 기의 움직임 영혼의 순환을 의미하는 것이 아닌가 생각합니다. 또 장자는

"삶과 죽음은 기의 흐름과 동일한 것이다. 「死生爲一條(사생위일조), 死 生存亡之一體(사생존망지일체)」" 덕충부(德充符)와 대종사(大宗師)에서 가르치고 있다. 또 "하나

의 삶이란 다른 죽음에 의존하게 되고 또 하나의 죽음이 새로운 삶을 시작시키는 변화의 굴레를 순환할 뿐이다.「方生方死 方死方生」(齊物論)"라고 하였다.

우리의 의식은 엄청난 과거를 지니고 있다는 말이다. 그 의식이란 바로 업이며 사람들은 이를 흔히 '마음'이라고 부른다. 어머니와 아버지가 결합하고, 어머니가 수태를 하고, 그리고 간답바(Gandhahha)가 있을 때 비로소 생명의 씨앗이 심어진다. 그러나 새로 태어날 생명이 과거에 어떤 인연, 어떤 업보를 지었는지는 아무도 모른다. 부모와 태어날 생명이 과거에 좋은 관계였다면 은혜로운 자식이 되겠지만 그렇지 못할 경우도 허다하다. 그렇기 때문에 현생에 있어 어떠한 경우라도 악행을 저질러서는 안 된다. 더구나 자기 자신을 사랑하는 사람일수록 그 어떤 악업도 만들어서는 안 된다.

인간은 의미 없는 우주에 의미를 부여하며 살고 있는 존재다. 비록 의미가 상상의 산물에 불과해도 그렇게 사는 것이 인간이다. 행복이 무엇인지 모르지만 행복하게 살려고 노력하는 게 인간이다. 인간은 자신이 만든 상상의 체계 속에서 자신이 만든 행복이라는 상상을 누리며 의미 없는 우주를 행복하게 느끼며 산다. 우주보다 인간이 더 경이롭다.

우리가 그릇에 쓰레기를 덜 없애 버리면 찌꺼기가 남고 결국은 더러운 것이 된다. 육신을 물로 씻고 불로 태우고 비로 쓸고 흙에 묻어 장사 지내지만 영혼에 남은 흔적은 삶의 자취요 터의 무늬가 된다는 것을 잊어서는 안 된다.

우리는 인생을 여행에 비유를 한다. 일생동안 가장 먼 여행은 바로 머리에서 가슴까지의 여행일 것이다. 그래서, 김수환 추기경은 "사랑이 머리에서 가슴으로 오는데 60년이 걸렸다."고 하였다. 이성(cool head)과 감성(warm heart)의 거리를 이야기하는 것으로 지식과 품성의 차이를 말하는 것이다. 그리고 또 하나의 여행은 가슴에서 발까지의 여행을 말하곤 한다. 즉 가슴의 공감이 삶의 현장에서 실천으로 이루어지는 것을 말한다.

사랑을 가슴에 담고 있어야 지혜와 창조력이 머리에서 샘솟게 되며 뜨거운 사랑과 우주의 선의(善意)가 함께 피어나는 아름다운 영혼의 꽃이 될 것이라는 걸……

홍문식 **일곱 번째** 시집 처음 가는 길

초판 1쇄 인쇄일 2020년 11월 07일
초판 1쇄 발행일 2020년 11월 08일

지 은 이 : 홍 문 식
펴 낸 이 : 홍 명 수
편집디자인 : 최 승 남
표지디자인 : 최 승 남

펴 낸 곳 : 성원인쇄문화사
출판등록 : 강릉2007-5
주   소 : 강원도 강릉시 성덕포남로 188
           대표전화(033)652-6375 팩스(033)651-1228
이 메 일 : 6526375@naver.com
ISBN : 978-89-94907-98-7(03800)

 이 도서는 국립중앙도서관 출판시 도서목록(CIP)은 서지정보유통지원시스템 홈페이지(http://seoji.nl.go.kr)와 국가자료목록시스템(http://www.nl.go.kr/kolisnet)에서 이용할 수 있습니다.
- 저작권법에 의해 보호받는 저작물이므로 저자와 출판사의 동의 없이 내용의 일부를 인용하거나 발췌하는 것을 금합니다.
- 파손된 책은 구입처에서 교환해 드립니다.